AF359913

MEDÉE
ET
JASON,
TRAGEDIE,
REPRESENTÉE
PAR L'ACADEMIE ROYALE
DE MUSIQUE,
POUR LA PREMIERE FOIS.

Le vingt-quatriéme jour d'Avril 1713.
Reprise le premier de May   1727.
Et le vingt-deux Novembre   1736.

Remise au Théâtre le Jeudi 20 Février 1749.

PRIX XXX SOLS.

AUX DEPENS DE L'ACADEMIE.

On trouvera les Livres de Paroles à la Salle de l'Opera & à l'Academie Royale de Musique, rue S. Nicaise.

M. DCC. XLIX.

AVEC APPROBATION ET PRIVILEGE DU ROY.

Les Paroles de Monsieur PELLEGRIN.

La Musique de Monsieur SALOMON.

ACTEURS CHANTANS

Dans les Chœurs.

CÔTÉ DU ROI		CÔTÉ DE LA REINE	
Mesdemoiselles.	*Messieurs.*	*Mesdemoiselles.*	*Messieurs.*
Dun.	Lefebvre.	Cartou.	S. Martin.
Tulou	Le Page C.	Masson.	Le Mesle.
Delorge.	Laubertie.	Rôllet.	Bellanger.
	Fel.	Gondré.	Levasseur.
Larcher.		Lablotiere.	Bellot.
	Bourque.		
Cazeau.	Duchênet	Daliere.	Chapotin.
Rosalie.	Rochette.	Victoire.	Favier.
Le Tourneur.	Gratin.	Hery.	Le Roy.
Duperey.	Vaudemont.	Folliot.	Ferret.

ACTEURS DU PROLOGUE

L'EUROPE,	Mlle. Romainvile.
APOLLON,	M. le Page.
MELPOMENE,	Mlle. Jacquet.

JEUX ET ARTS.

HABITANS des rives de la SEINE.

PERSONNAGES DANSANS.

HABITANS des rives de la SEINE.

Mlle. DOURDET.

M^{rs}. Laurent, Mion, Bourgeois.

Mlles. Amedée, Imblot, Parquet.

JEUX ET ARTS.

M^r. TESSIER.

M^{rs}. Caillé, Laval, le Lievre.

Mlles. Bellenot L. Bellenot C. Devaux.

PROLOGUE.

Le théâtre repréfente un lieu agréable fur les rives
de la Seine.

SCENE PREMIERE.

On entend un bruit de guerre.

L'EUROPE.

IEL! De quel bruit affreux retentiffent les
airs !

CHŒUR, derriere le théâtre.

Courons, courons aux armes.

L'EUROPE.

Puiffant Maître de l'Univers,
Ne m'avez-vous foumis tant de Peuples divers,
Que pour me caufer tant d'allarmes ?

CHŒUR, *derriere le théâtre.*

Courons, courons aux armes.
Triomphons de nos ennemis :
La gloire de les voir foumis
A pour nous trop de charmes ;
Courons, courons aux armes.

L'EUROPE.

Arrêtez, cruels, arrêtez ;
Reconnoiffez l'Europe gémiffante ?
Ah ! Pour prix de mes foins, faut-il que je reffente
Tous les coups que vous vous portez ?
Jupiter, lancez le tonnerre
Sur les ennemis de la paix ;
Rendez le repos à la terre,
C'eft le plus cher de vos bienfaits.

Jupiter, lancez le tonnerre
Sur les ennemis de la paix.

Mais Apollon & Melpomene
Viennent s'offrir à mes regards ;
Ciel ! Je vois avec eux & les Jeux & les Arts :
Quel foin en ces lieux les amene ?

APOLLON defcend dans un char.

MELPOMENE paroît, fuivie des Jeux & des Arts.

SCENE II.
APOLLON, L'EUROPE, MELPOMENE, LES JEUX ET LES ARTS.
APOLLON.

Tes vœux sont montez jusqu'aux cieux,
Europe reprend l'espérance.
La victoire a suivi les drapeaux de la France
Par l'ordre du Maître des Dieux.

L'EUROPE.

Ah ! mes vœux sont comblez ; Jupiter les seconde,
Puisqu'il devient propice au Maître de ces lieux.
C'est vouloir le bonheur du monde
Que le rendre victorieux.

ENSEMBLE.

C'est vouloir le bonheur du monde, &c.

*Les Habitans des rives de la Seine viennent témoigner
leur joye par des danses.*

APOLLON.

Peuples qui vivez sous l'Empire
D'un Roi le modele des Rois,
Pour votre bonheur tout conspire,
Soyez attentifs à ma voix.
Malgré la discorde cruelle,
Vos maux vont prendre fin :
Ce sont les arrêts du Destin
Qu'Apollon vous révele.

PROLOGUE.

CHŒUR.

Malgré la difcorde cruelle,
Nos maux vont prendre fin;
Ce font les arrêts du deftin
Qu'Apollon nous révele.

On danfe.

MELPÒMENE.

Pour terminer le cours de vos cruels malheurs,
Le vainqueur veut borner le cours de fes conquêtes.
Et ce n'eft plus que dans vos fêtes,
Que vous verrez couler & du fang & des pleurs.

On danfe.

MELPOMENE.

Une paix conftante
Flatte mon attente,
Puiffe un calme heureux
Combler toujours vos vœux.

Loin de ces rivages
Mars & fes ravages.
Vos plus doux plaifirs
Font mes plus chers defirs.
Une paix conftante, &c.
Goutez mille charmes,
Ne verfez de larmes
Que parmi les jeux.
Une paix conftante, &c.

On danfe.

MELPOMENE.

Jouiſſez d'un bonheur durable
Sous les loix d'un Héros qui les efface tous ;
Je parcours vainement & l'Hiſtoire & la Fable,
Je n'en vois point de comparable
A celui qui regne ſur vous.

C H Œ U R.

Jouiſſons d'un bonheur durable
Sous les loix d'un Héros qui les efface tous :
Il n'en eſt point de comparable
A celui qui regne ſur nous.

A P O L L O N.

Pour de nouveaux plaiſirs qu'à l'envi tout s'aprête ;
Couronnons cette auguſte fête.

Jeux, Arts, qui me ſuivez, enchantez tous les yeux
Par un appareil magnifique,
Et ſecondez les vœux de la muſe tragique ,
Pour augmenter la pompe de ces lieux.

Et vous qui préſentez une effrayante image
Des malheurs où le crime engage ,
Muſe, de Médée en courroux
Rendez les forfaits mémorables,
Apprenez aux mortels les effets déplorables
De l'amour infidele & de l'amour jaloux.

FIN DU PROLOGUE.

B

ACTEURS DE LA TRAGÉDIE.

JASON, *Prince de Theſſalie.*   M. Jeliot.

ARCAS, *Confident de Jaſon.*   M. Albert.

CRÉUSE, *Fille de Créon Roi de*

    Corinthe.   Mlle Fel.

CLEONE, *Confidente de Créuſe.* Mlle. Coupée.

CREON, *Roi de Corinthe.*   M^r. de Chaſlé.

MEDÉE, *Princeſſe de Colchos.* Mlle. Chevalier.

NERINE, *Confidente de Medée.* Mlle Jaquet.

PEUPLES, de Corinthe.

UN DÉMON.   M^r. Poirier.

DEUX MAGICIENS.   M^{rs} { Cuvillier. / Perſon.

UNE NYMPHE.   Mlle. Romainville.

UN GARDE.   M^r. Cuvillier.

UNE MATELOTE.   Mlle Baumenard.

UN MATELOT.   M^r. Albert.

UNE CORINTHIENNE,   Mlle. Baumenard.

LES TROIS FURIES.   M^{rs}. { Poirier. / Cuvillier. / Perſon.

ACTE PREMIER.
PERSONNAGES DANSANS.
Mʳ. DEVISSE.
GUERRIERS.

Mʳˢ. Dumay, Matignon, Dupré, Laval,
le Lievre, Feuillade.

AMAZONES.
Mˡˡᵉ. CARVILLE.

Mˡˡᵉˢ. Minot, Thierry, Defiré, Dazenoncourt,
Brifeval, & Bellenot, L.

ACTE SECOND
DÉMON.
Mʳ. LYONNOIS.

MAGICIENS & MAGICIENNES.

Mʳˢ. Dupré, Dumay, la Feuillade, Caillé.
Mˡˡᵉˢ. S. Germain, Courcelle, Minot, Thierry.

MAGICIENS.

Mʳˢ. Deviffe, & Laval.
MAGICIENNE.
Mˡˡᵉ. LYONNOIS.

QUATRE DÉMONS.

Mʳˢ. Matignon, Hamoche, Laurent, le Lievre.

B ij

ACTE TROISIÉME.
DÉMONS TRANSFORMÉS EN AMOURS,
JEUX ET PLAISIRS.
Mlle. D A L L E M A N D.

M^{rs}. Hamoche , le Lievre, Laval, Mion , Bourgeois, & Feuillade.

Mlles. Amedée , Dazenoncourt, Briseval , Imblot, Parquet, & Minot.

ACTE QUATRIÉME.
FESTE MARINE.
MATELOTS ET MATELOTES.
M. TESSIER.

Mlle CAMARGO.   Mlle LANY.

M^{rs}. Caillé , Feuillade, Laurent , le Lievre , Mion & Laval.

Mlles. S. Germain, Courcelle, Minot, Thierry , Beaufort, & Desiré.

ACTE CINQUIÉME.
CORINTHIENS & CORINTHIENNES.
M^r. DUPRÉ.
Mlle. LYONNOIS.

M^{rs}. Laurent, Laval, le Lievre, Bourgeois, Mion.

Mlles. Beaufort, Dazenoncourt, Desiré, Amedée , Bellenot, C.

MEDÉE ET JASON,
TRAGEDIE.

ACTE PREMIER.

Le théâtre réprésente une place publique de la Ville de Corinthe, ornée d'un arc de triomphe, & bornée par le Palais de CRÉON.

SCENE PREMIERE.
JASON, ARCAS.
ARCAS.

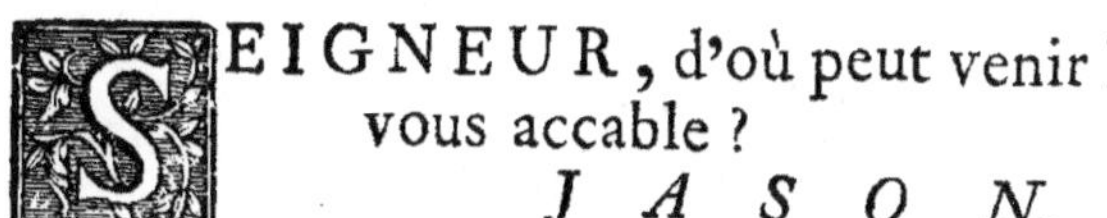

SEIGNEUR, d'où peut venir l'ennui qui
vous accable ?

JASON.

Ah ! Laisse-moi cacher le trouble où tu me vois.

A R C A S.

Et la Gloire & l'Amour, tout vous eſt favorable.
Pour prix de vos derniers exploits,
La Gloire vous préſente une Princeſſe aimable,
Dont l'Amour lui-même a fait choix :
Vous l'adorez, elle vous aime,
L'hymen va vous unir ; quel ſort eſt plus charmant !

J A S O N.

Hélas ! C'eſt dans cet hymen même
Que je trouve un nouveau tourment.

A R C A S.

Quoi ! Creuſe pour vous a-t-elle éteint ſa flâme ?
Mais, non ; plus que jamais vous regnez dans ſon ame.

J A S O N.

Elle n'a point changé ; mais tout prêt d'être heureux,
Aux tranſports les plus doux je me livre avec peine ;
Que ne peut le remord ſur un cœur généreux !
Vers ce nouvel hymen envain l'amour m'entraîne ;
Tu le ſçais trop, Arcas, pour en former les nœuds,
J'ai rompu ma premiere chaîne ;
J'ai pû trahir Medée ! Ah ! Trop injuſte époux !
A l'oublier vainement je m'éforce.

A R C A S.

Vous vous reprochez un divorce
Que la Gloire exigea de vous !

JASON.

Arcas, c'est peu d'être parjure ;
Je trahis mes enfans, je les rends malheureux ;
Quand je fais à leur mere une cruelle injure,
La honte en retombe sur eux.

Quoi ! Dans Corinthe armé pour leur défense,
Créon fait avec gloire élever leur enfance ;
Et je puis !… Vains remords d'un cœur trop amou-
reux.
Ah ! Qu'il est dangereux d'avoir un cœur trop
tendre !
L'amour & le devoir me parlent tour à tour :
Mais, le devoir est foible, & j'ai peine à l'entendre ;
Je n'écoûte plus que l'amour.

De son fatal pouvoir je ne puis me défendre :
Mais, Creuse vient en ces lieux ;
Amour c'est à toi seul de paroître à ses yeux.

SCENE II.

JASON, CRÉUSE.

JASON.

PRincesse, quel bonheur pour Jason se prépare!
L'hymen forme pour moi les nœuds les plus char-
mans,
Le Roi pour mes feux se déclare.

CRÉUSE.

Seigneur, je suis soûmise à ses commandemens.

JASON.

Vous parlez d'obéir, hélas ! Belle Créufe ,
Mon cœur ne tiendra-t-il son bonheur que du Roy?
Non, ses bontez envain se signalent pour moi,
Ne croyez pas que j'en abufe.

CRÉUSE.

Votre cœur eft trop généreux ;
Il ne voudroit pas me contraindre
A former de funeftes nœuds.

JASON.

Qu'entends-je ? ô Ciel !

CRÉUSE.

Que fert de feindre ?
Je ne faurois vous rendre heureux.

JASON.

Cruelle, vous changez ! Eh, qui l'auroit pû croire !
De vos sermens vous perdez la mémoire !

CRÉUSE.

Je suis plus à plaindre que vous.
N'en demandez pas davantage ;
Que vais-je devenir , si le devoir m'engage
A vous accepter pour époux ?

JASON.

J A S O N.

Vous pouvez rendre heureux un cœur qui vous
 adore,
  Et vous êtes à plaindre encore!
C R É U S E.

  Quand je vous refuse ma main,
  C'est l'Amour, & je l'en atteste,
  Qui m'en inspire le dessein.
Achever un hymen qui vous sera funeste,
C'est vous plonger moi - même un poignard dans
 le sein.
De Medée en fureur que n'ai-je pas à craindre?
Je crois déja la voir prête à vous immoler.
Ah! Dans un sang si cher son courroux va s'éteindre;
Toute absente qu'elle est, elle me fait trembler.
J A S O N.

Vous tremblez pour mes jours! O soin rempli de
 charmes?
  Que vois-je vous versez des larmes!
Achevez mon bonheur c'est trop le differer.
C R É U S E.

  Non, rien ne peut me rassurer.
J A S O N.

Bannissez la frayeur dont votre ame est atteinte.
Quel nuage obscurcit le plus beau de mes jours?
    C

ENSEMBLE.

Ah! Pourquoi faut-il que la crainte
Trouble les plus tendres amours?

CRÉUSE.

Mais, le Roi vient; souffrez que je vous quitte;
Qu'il ne soit pas témoin du trouble qui m'agite.

SCENE III.

CREON, JASON, GARDES.

CRÉON.

Prince tous vos Guerriers, par mon ordre
    assemblez,
  Viennent célébrer votre gloire;
  Nous devons ces chants de victoire
  Au bonheur dont vous nous comblez.

Vous êtes déformais l'appui de ma puissance:
Les fiers Atheniens, de ma grandeur jaloux,
Ont vû tout leur orgueil expirer sous vos coups;
  Et ma juste reconnoissance
  Ne peut aller trop loin pour vous.

Je ne la borne point à l'hymen de ma fille.
Aux yeux de mes sujets, prêt à vous couronner,
Je veux leur faire voir de quelle gloire brille
  Le Roi que je vais leur donner.

Que ne mérite point vôtre valeur extrême !
    Créuse en vous donnant sa foy
    Doit vous offrir un Diadême :
    Quand on a les vertus d'un Roy ;
    On est digne du rang suprême.

J A S O N.

Seigneur, Créuse seule est trop belle à mes yeux,
    Et sans l'éclat de la Couronne....

C R E O N.

Vous deviez en naissant la recevoir des Dieux :
    Il est tems qu'un Roi vous la donne.

J A S O N.

Ai-je pû mériter la gloire d'un tel choix ?

C R E O N.

On vient celebrer vos exploits.

S C E N E IV.

CREON, JASON, CLEONE, Guerriers
   & Peuples de CORINTHE.

C R E O N.

Par des jeux, par des chants dignes de sa victoire,
    Célébrez ce jeune Héros ;
    Corinthe lui doit son repos ,
    Et vous lui devez votre gloire.

Chœur. Par des jeux, &c.
On danse.

CLEONE.

Suivons les loix que l'Amour infpire ;
Que dans ces lieux il regne avec la Paix :
Sous fon empire,
Un cœur foûpire ;
Mais fes plaifirs n'en ont que plus d'attraits.
Portons fes chaînes,
Aimons fes peines ,
Rien n'eft fi doux que de fentir fes traits.
On danse.

CREON.

Adreffez tous vos chants au Vainqueur glorieux
Qui fait le bonheur de ces lieux.
On l'a vû par tout invincible,
Voler au milieu des hazards.
Ah ! Que l'Amour, s'il eft poffible,
Le favorife autant que Mars.

CHŒUR. On l'a vû, &c

CREON.

Préparons de nouvelles fêtes ,
Qu'un triomphe plus doux couronne le Vainqueur.
Par un heureux hymen, affurons à fon cœur
La plus chere de fes conquêtes.

FIN DU PREMIER ACTE.

ACTE II.

Le Théâtre repréfente un Paifage agréable au piéd d'une Montagne, au voifinage de CORINTHE.

SCENE PREMIERE.

CRÉUSE, CLEONE.

CLEONE.

NON; je n'aprouve point cette frayeur mortelle,
Qui vient de votre cœur troubler l'heureufe paix.

CRÉUSE.

Puis-je voir fans frayeur une image cruelle,
Quï ne m'abandonne jamais ?

C L E O N E.

Qui peut vous allarmer ?

C R É U S E.

Un songe épouventable.
J'en aurois à Jason montré toute l'horreur ;
Mais, il auroit blâmé la douleur qui m'accable :
J'ai renfermé mon trouble dans mon cœur.

C L E O N E.

Quel est ce songe affreux ?

C R É U S E.

Tu vas trembler, Cleone ;
A te le retracer, moi-même je frissonne.
A peine le sommeil vient me fermer les yeux,
Que j'entends gronder le tonnerre.
Un nuage s'entr'ouvre, & du plus haut des cieux,
Je vois un char brûlant descendre sur la terre.
Medée est dans ce char qui fait frémir les airs ;
Ses yeux éteincelans de rage
Sont plus ardens que les éclairs
Qu'on voit briller pendant l'orage.
Le Palais de Creon, soudain est enflâmmé ;
Jason par l'amour animé,
Cherche au travers des feux à s'ouvrir un passage ;
Contre lui, contre moi, tout l'Enfer est armé :

J'invoque envain les Dieux , que pour lui feul
    j'implore ;
Sur lui Medée avance un poignard à la main :
Je ne vois point le coup qui lui perce le fein ;
Mais , du fang de Jafon ce poignard fume encore.

C L E O N E.

Avec un tendre Amant ce jour doit vous unir ;
Goûtez un bien certain, laiffez un vain menfonge.
    Eh ! pourquoi, fur la foi d'un fonge,
    Chercher des maux dans l'avenir ?
Medée a pour jamais quitté la Theffalie,
    Acafte , ardent à fe venger,
    Pourfuit le meurtre de Pélie
    Qu'elle vient de faire égorger :
Dans des clim.ts lointains elle cherche un azile.

C R É U S E.

Non , fon éloignement ne me rend point tranquile ;
Que ne peut point fon art? les monts, les vaftes mers
Ne mettroient entre nous qu'un rempart inutile ;
Un moment lui fuffit pour traverfer les airs.

    On entend une Symphonie effrayante , pendant laquelle
un tourbillon de nuage defcend.

    Quel bruit ! Ciel ! Quel épais nuage
    Nous cache la clarté des cieux ?

Les nuages s'ouvrent & Medée paroît.

SCENE II.

CRÉUSE, MEDÉE, CLEONE, NERINE; MAGICIENS & DÉMONS.

CRÉUSE.

Dieux ! quel objet s'offre à mes yeux !
Mon songe m'a tracé cette terrible image ,
Fuyons son aspect odieux :
C'est Medée , évitons sa rage.

MEDÉE s'avance vers CRÉUSE, *& la touche
de sa baguette magique.*

CLEONE *s'enfuit.*

MEDÉE.

Demeure.

CRÉUSE.

Malgré-moi je me sens arrêter
Par une Puissance fatale.

MEDÉE.

Demeure , & connoi ta rivale ,
Pour apprendre à la redouter.
Qu'un assemblage affreux à ses regards étale ,
Tout ce qu'en ma faveur la fureur infernale
A jamais pû faire éclater.

Le

Le théâtre change & repréfente un lieu affreux.

C R É U S E.

Quel fpectacle effroyable! Ah! tout mon fang fe glace.

M E D É E.

Vous qui portez mes loix en cent climats divers,
Miniftres de mon art, noirs enfans des enfers,
Annoncez-lui le fort qui la menace.

On danfe.

LES MAGICIENS ET LES DEMONS.

Tremble, frémi d'effroi,
Tremble Créufe, tremble ;
Crains tous les maux enfemble,
Ils vont tomber fur toi.
Tremble, frémi d'effroi ,
Tremble, Créufe, tremble.

On danfe.

TROIS MAGICIENS.

Des Enfers l'empire fombre
Arme fes fers & fes feux ;
Tu vois tous ces malheureux ;
Crains d'en augmenter le nombre.

On danfe.

M E D É E.

Ofes-tu de Jafon me difputer le cœur ,
Quand tu vois ce que peut ma rage ?

D

C R É U S E.

Plus je vois qu'elle eſt ta fureur,
Plus je ranime mon courage.

M E D É E.

Quoi ! Tu ne frémis pas d'horreur ?
Si l'amour autrefois me rendit inhumaine ;
Que ne doit point faire la haîne !
Tu peux par le paſſé, juger de l'avenir :
Mon cœur moins irrité que tendre
N'avoit qu'un époux à défendre,
Et point de rivale à punir.

C R É U S E.

Satisfais ta barbare envie ;
Que l'Enfer s'uniſſe avec toi ;
Tu ne menaces que ma vie,
Tu ne m'inſpires point d'effroi.

M E D É E.

A ma fureur tout eſt poſſible ;
Crois-tu qu'elle ſe borne à te ravir le jour ?
Je ſçaurai de ton cœur trouver l'endroit ſenſible ;
La rage dans le mien, l'emporte ſur l'amour.
Si je ne puis toucher un époux infidelle ,
Je puis punir ſa trahiſon ;
C'eſt m'ouvrir à ton cœur une route nouvelle,
Que percer le cœur de Jaſon.

CRÉUSE.

Hélas !

MEDÉE.

Ce soupir qui t'échappe,
M'apprend ce qui peut te troubler.

CRÉUSE.

Quoi! malgré votre amour, vous pourriez l'immoler?

MEDÉE.

C'est dans son cœur qu'il faut que je te frappe.

CRÉUSE.

Vous menacez Jason , je commence à trembler.

MEDÉE la touchant de sa baguette.

Je ne te retiens plus, va, cour, fui ma présence ;
Aux yeux de ton amant, hâte-toi de t'offrir ;
Mais, souhaite son inconstance,
Si tu ne veux le voir périr.

SCENE III.

MEDÉE, NERINE.

NERINE.

QUoi ! Sur une tête si chere,
Vos transports furieux oseroient éclater !
Contre un ingrat qui sçût vous plaire ,
Gardez de vous trop emporter :

D ij

Non, non, ce n'eſt point la colere,
C'eſt l'amour qu'il faut conſulter.

M E D É E.

Je ne l'entens que trop cet amour plein de charmes,
De toute ma colere il triomphe en vainqueur.
Hélas ! Mille tendres allarmes
Parlent pour mon ingrat, dans le fond de mon cœur.
Mais j'ai vu trembler ma rivale,
Lorſque de ſon amant j'ai menacé les jours ;
Elle craint pour Jaſon ma vengeance fatale :
Achevons de troubler de perfides amours.
Nerine, de ma part va trouver mon parjure ;
Dans ces lieux écartés, dis-lui que je l'attens :
Cour, vole ; en vains projets c'eſt perdre trop de tems,
Mon impatience en murmure.

SCENE IV.

M E D É E.

ET vous Démons, rentrez dans l'infernal ſéjour ;
Allez armer pour moi la noire jalouſie ;
Qu'elle vienne ſervir ma haine & mon amour.
Que Créuſe éprouve à ſon tour
L'horreur dont mon ame eſt ſaiſie.

FIN DU SECOND ACTE.

ACTE III.

Le théâtre réprefente un bois.

SCENE PREMIERE.
J A S O N.

OUR ma Princeffe, hélas! Que je reffens
    d'effroi !
Je l'expofe aux fureurs d'une époufe
    cruelle ,
Ah ! Je crois voir tomber fur elle
Tous les coups qu'elle craint pour moi.
Arrête, rivale implacable ;
    Si Jafon a trahï fa foi,
Créufe en eft-t'elle coupable ?
Eft-ce un crime que d'être aimable ?
Et d'avoir pris un cœur qui n'étoit plus à toi ?

Pour ma Princeſſe, hélas! Que je reſſens d'effroi!
Je l'expoſe aux fureurs d'une épouſe cruelle:
    Ah! Je crois voir tomber ſur elle
    Tous les coups qu'elle craint pour moi.

Employons tous mes ſoins à calmer ſa rivale;
    Elle doit ſe rendre en ces lieux;
Qu'à moi ſeul s'il ſe peut, ſa fureur ſoit fatale.

Quel ſpectacle nouveau vient s'offrir à mes yeux!

*Le fond du théâtre change, & repréſente un palais,
avec des jardins enchantez.*

SCENE II.

JASON.

DÉMONS transformez en AMOURS en
NYMPHES, en JEUX & en PLAISIRS.

CHŒUR.

C'Eſt dans ces charmantes retraites,
Que regnent les plaiſirs, les amours & les jeux;
Venez de toutes part, venez, amants heureux,
    C'eſt pour vous ſeuls qu'elles ſont faites.

On danſe.

UNE NYMPHE à JASON.

    Vivez heureux.
    Que vos regrets finiſſent;
    Vivez heureux.

Les ris, les jeux,
Les plaifirs dans ces lieux s'uniffent ;
Brulez, brulez des plus beaux feux :

Vivez heureux.
Aimez un objet charmant ;
Sa tendreffe
Vous en preffe ;
Cher époux, foyez amant.
A l'amour rendez les armes ,
Ses allarmes
Ont des charmes
Qu'on ne trouve qu'en aimant.
L'amour vous rapelle ;
Soyez plus fidelle ;
Ne balancez pas ;
Un bien qu'on differe
Perd de fes appas ;
L'amour pour vous plaire
Vole fur vos pas.

On danfe.

SCENE III.

CRÉUSE, JASON.

CRÉUSE.

O Ciel ! Quelle odieuse fête !

JASON.

Dieux ! C'est Créuse ; ô justes Dieux !

à Créuse.

Fuyez.

CRÉUSE.

L'amour jaloux m'a conduite en ces lieux,
Où parmi les plaisirs ma rivale t'arrête.
Tu me trahis.

JASON.

Non , ne le croyez pas.

CRÉUSE.

Tu me trahis.

JASON.

Je vous adore.

CRÉUSE.

Eh bien, si tu m'aimes encore,
Fui de ces lieux , & sui mes pas.

JASON.

Ah ! Dissipons l'erreur qui vient de la surprendre.

SCENE.

SCENE IV.

MEDÉE, JASON.

MEDÉE.

ARrête.

JASON.

Ah ! Laiffez-moi . . .

MEDÉE.

Perfide tu me fuis !

JASON.

Non , non , je ne puis rien entendre.

MEDÉE.

Elle eft morte fi tu la fuis.

JASON.

Jufte Ciel !

MEDÉE.

Sur fes pas je vois ce qui t'appelle.
Tu veux en me fuyant , l'affurer de ta foi.
Mais, quand tu fens une flâme nouvelle ,
Cruel, tu n'outrages que moi.

JASON.

Que ne m'eft-il permis de n'être point parjure !
Mon crime eft le crime du fort.
Les Grecs pour m'accabler font un commun effort :
Contre tant d'ennemis , Creon feul me raffure.

E

M E D É E.

Ingrat, me comptez-vous pour rien ?
Rompez un hymen trop funeste :
Je prendrai soin d'un sort où j'attache le mien :
Aimez-moi seulement, mon art fera le reste.

J A S O N.

Je sçais que tout vous est permis ;
Vôtre art soumet l'Enfer, le Ciel, la Terre & l'Onde :
Mais les Rois les Maîtres du monde
Sont de terribles ennemis.

M E D É E.

Que me sert qu'à mon art tout devienne possible ?
Mon pouvoir est trop foible , un autre en est
vainqueur ;
Mon ennemi le plus terrible
Est dans le fond de votre cœur.

J A S O N.

Vous avez dans mon cœur à surmonter la Gloire ;
Elle doit sur l'Amour remporter la victoire.

Pour vous ce triste cœur a long-tems combattu ;
Mais combien d'innocens ont été vos victimes !
C'est m'arracher à ma vertu
Que m'associer à vos crimes.

M E D É E.

Quel reproche ! Ciel ! J'en frémis ;

Et c'eft Jafon qui m'en accable !
Quoi ! Des mortels le plus coupable.

J A S O N.

Quels crimes font les miens ?

M E D É E.

Tous ceux que j'ai commis.

J A S O N.

Dieux ! Le poifon ! Le parricide !

M E D É E.

Ce font là nos communs forfaits.

J A S O N.

Juftes Dieux !

M E D É E.

Je ne les ai faits
Que pour trop aimer un perfide.
Ah ! Que l'Amour eft un fatal vainqueur !
Je n'ai que trop fenti jufqu'où va fa puiffance.
Avec le repos de mon cœur
Il m'en coûte mon innocence.

Mais je fçais dans quel fang il me faut expier
Et tant d'amour & tant de crimes ;
Ma Rivale eft enfin de toutes mes victimes
La derniere à facrifier.

Tu vois ma fureur extrême ;
Garde-toi de m'outrager :

Un cœur qui perd ce qu'il aime
N'a plus rien à ménager.

ENSEMBLE.

JASON. Craignez } ma fureur extrême.
MEDÉE. Tu vois }

JASON. } Gardez-vous de vous vanger,
MEDÉE. } Garde-toi de m'outrager,

Un cœur qui perd ce qu'il aime
N'a plus rien à ménager.

SCENE V.

MEDÉE.

LE perfide ! Il me quitte ! Il brave ma vangeance !
Et je pourrois souffrir cette nouvelle offense !
C'en est trop ; vangeons mon amour ;
Punissons, perdons qui m'outrage :
Que tout ressente tour à tour
Ce que peut ma jalouse rage.
C'en est trop ; vangeons mon amour ;
Punissons, perdons qui m'outrage.

Vous, qui pour plaire à mon volage
Avez pris soin d'orner ces lieux,
Démons, transformez-vous en monstres furieux,
Et portez par tout le ravage.

Les Démons se transforment en monstres.

FIN DU TROISIÉME ACTE.

ACTE IV.

Le théâtre repréſente le rivage de la mer, le port
& la ville de CORINTHE dans le fond.

SCENE PREMIERE.
CRÉUSE.

JASON ne m'aime plus ! O rigoureux
tourment !
Hélas ! Puis-je douter qu'il ne ſoit infidelle?
Ma rivale n'eſt que trop belle.

Au milieu des plaiſirs, dans ce fatal moment
Ils ſe jurent tous deux une amour éternelle ;
Jaſon ne m'aime plus ! O rigoureux tourment !

Je vois approcher mon perfide ;
Quel deſſein près de moi le guide ?

SCENE II.

JASON, CRÉUSE.

JASON.

QUe de maux défolent ces lieux !
Que Medée en fureur s'immole de victimes !
Se peut-il que les juftes Dieux
Laiffent impunis tant de crimes !

CRÉUSE.

Quand les Dieux fufpendent leurs coups ,
Leurs bontés vous font favorables ;
S'ils puniffoient tout les coupables
Vous auriez à trembler pour vous.

JASON.

Il eft vrai , c'eft moi feul qu'il faut que l'on accufe
Des maux dont je plains la rigueur :
Mais , que dis-je ? Non , je m'abufe ,
Vos yeux ont part au crime auffi-bien que mon cœur.

C'eft à moi cependant à calmer tant d'allarmes ;
C'eft trop faire couler & de fang & de larmes ,
Il eft tems de quitter ce malheureux féjour.

CRÉUSE.

Va , perfide , fui ; qui t'arrête ?
Va , fui ta premiere conquête ,

Porte loin de mes yeux ton infidele amour.

J A S O N.

Moi vous trahir !

C R É U S E.

J'ai vû cette odieufe fête,
Où ma rivale a triomphé de moi.

J A S O N.

J'aurois pû vous manquer de foi ?

C R É U S E.

Ingrat, pour me prouver que tu m'étois fidelle,
Il falloit marcher fur mes pas.

J A S O N.

Il falloit donc, cruelle,
Vous livrer au trépas.
Medée alloit fur vous faire éclater fa rage.

C R É U S E.

Non, tu prétens envain excufer ton outrage :
Ma rivale m'aprend à tout craindre de toi.

Le Roi vient, il gémit : cachons-lui mes allarmes,
Dérobons-lui des pleurs qui coulent malgré moi ;
Ses foupirs font dignes d'un Roi ;
Mais, je dois rougir de mes larmes.

SCENE III.

CREON, JASON.

CREON.

QUe de sang ! Que de morts viennent de toutes
  parts
    S'offrir en foule à mes regards !
Ne puis-je être immolé pour un peuple que j'aime ?
Mais quand vous me montrez de si tristes objets,
    Dieux, dans chacun de mes Sujets ,
    N'est-ce pas m'immoler moi-même !

JASON.

    Seigneur, dans ce spectacle affreux ,
    Reconnoissez mon seul ouvrage.
    Sans moi, ce peuple malheureux
N'eût jamais vû Medée aborder ce rivage.

C'est moi que la barbare en ces lieux vient chercher;
Permettez que je parte , elle suivra ma fuite.

CREON.

Non , il faut qu'elle meure , elle a beau se cacher ;
Elle se flatte envain de tromper ma poursuite ;
    Elle va tomber dans mes fers.

JASON.

Ah ! Songez que son art peut armer les Enfers.
CREON.

CREON.

Son art eut-il plus de puiſſance,
Tout doit ici ſuivre mes loix ;
L'enfer s'arme pour ſa défenſe,
Mais, le Ciel protege les Rois.

ENSEMBLE.

Suprêmes arbitres du monde,
Grands Dieux, laiſſez-vous attendrir,
Voyez notre douleur profonde ;
Hâtez-vous de nous ſecourir :
Si votre bras ne nous ſeconde
Dieux puiſſans nous allons périr.

SCENE IV.

CREON, JASON, UN GARDE.

UN GARDE.

SEigneur, votre ennemie eſt en votre puiſſance,
Medée en ce moment va paroître à vos yeux.

CREON & JASON.

Medée ! ô Dieux ! ô juſtes Dieux !

JASON.

Je dois éviter ſa préſence.

F

C R E O N.

Allez, laiſſez à mon courroux
Le ſoin d'un châtiment qui nous importe à tous.

J A S O N, *ſe jettant aux pieds du Roi.*

Non, je ne quitte point ces genoux que j'embraſſe,
Que vous ne m'accordiez ſa grace.

C R E O N.

Que me demandez-vous ? Quel généreux effort !
Le ſang de mes Sujets à la punir m'engage.
Mais, je veux bien calmer un ſi juſte tranſport ;
Loin de ces lieux qu'elle porte ſa rage ;
Que par un prompt départ elle évite la mort.
Sa grace eſt à ce prix. Elle vient ; la cruelle !

J A S O N.

Seigneur, je vous laiſſe avec elle.

S C E N E V.

CREON , MEDÉE.

C R E O N.

LE Ciel te livre à mon courroux,
Monſtre fatal à mon empire.
Mais lorſqu'à me venger avec moi tout conſpire,
Ma pitié s'oppoſe à mes coups ;
A ton exil je borne ton ſupplice.

M E D É E.

Ciel ! Quelle grace !

C R E O N.

Accepte cette loi ,
Et n'irrite pas ma justice ,
Quand ma clémence agit pour toi ,
Songe à tout ce qu'a fait ta rage ;
Songe quels flots de sang ont inondé ces lieux.

M E D É E.

J'ai fait sur ce fatal rivage
Ce qu'auroient dû faire les Dieux.
Vous me choisissez pour victime ,
Et vous couronnez mon époux ;
Pourquoi protegez-vous le crime ?
Ou pourquoi le punissez-vous ?

C R E O N.

Tu m'outrages encor ! Va fui de cette rive ;
Mes vaisseaux sont tous prêts ; hâte-toi de partir ;
D'une obéissance tardive
Crains enfin de te repentir.

M E D É E.

Que mon perfide époux partage mon supplice.
De quoi me punis-tu , dont il ne soit complice ?
Si je pars de ces lieux , qu'il marche sur mes pas.

C R E O N.

Obéis à mes loix.

M E D É E.

Ordonne mon trépas ,

Tes loix feront plus légitimes ;
Mais, laiffe-moi Jafon, Tyran, ne m'ôte pas
Ce qui m'a coûté tant de crimes.

C R E O N.

Ah! C'en eft trop, je céde au plus affreux tranfport ;
Hâte-toi de partir, ou n'attends que la mort.

O toi, qui fais trembler tous les Rois de la terre,
Grand Dieu qui lances le tonnerre,
Sois attentif au ferment que je fais :
Si ce coupable objet de ma jufte colere
Revoit dans ce féjour l'Aftre qui nous éclaire,
Punis - moi de tous fes forfaits ;
Puiffai-je voir mon Trône en poudre !
Puiffe l'Enfer vangeur au défaut de la foudre
M'enfevelir fous mon Palais.

S C E N E VI.
M E D É E.

Tu périras, Roi téméraire ;
C'eft à toi de frémir d'effroi :
Le ferment que tu viens de faire
Va retomber fur toi.

Ma Rivale, mes enfans même,
Que tout reffente ma fureur ;
Immolons dans tout ce qu'il aime
L'Ingrat qui me perce le cœur.

SCENE VII.
MEDÉE, NERINE.

NERINE.

POur votre départ tout s'apprête ;
O Dieux ! Que de périls ménaçoient votre tête !
J'en ai tremblé , j'en ai frémi ;
Mais , Jason d'un seul mot a calmé la tempête :
Le Roi n'est plus votre ennemi.

Il charge de votre conduite
Ceux qu'autrefois leur zele arracha de Colchos,
Pour s'attacher à votre fuite ;
Trop heureux avec vous de repasser les flots.

MEDÉE.

Il n'est pas tems encor de quitter ce rivage.

NERINE.

Redoutez le courroux du Roi.

MEDÉE.

Non, il faut en ces lieux achever mon ouvrage.

NERINE.

O Ciel ! Je reprends mon effroi.

M E D É E.

Crois-tu que ce tyran dont tu crains la vangeance,
D'un fort tel que le mien foit l'arbitre abfolu !
    Ah ! Si je fuis en fa puiffance,
    Apprends que je l'ai bien voulu :
    Quoique l'on osât entreprendre ,
    Mon art pouvoit le renverfer ;
    Mais , j'ai dû me laiffer furprendre ,
Pour m'approcher des cœurs que je voulois percer.

N E R I N E.

Qu'ofez-vous méditer ?

M E D É E.

             Que rien ne t'embaraffe.
Va trouver mon ingrat , peins-lui mon repentir ,
Dis lui qu'à mon exil je viens de confentir ,
Qu'au fort plus qu'à fon cœur j'impute ma difgrace ;
Mais, que je veux au moins en partant de ces lieux ,
    Recevoir fes derniers adieux.

        On entend une fymphonie.

N E R I N E.

Les Matelots qui doivent vous conduire ,
Viennent montrer ici leurs tranfports éclatants.

M E D É E.

A l'efpoir qui les flatte ils fe laiffent féduire ;
    Ils n'en jouiront pas long tems.

SCENE VIII.

MATELOTS. *On danse.*

CHŒUR.

PAr mille chants d'allegreſſe,
Célébrons notre retour.

Nous allons quitter la Grece
Pour revoir l'heureux ſéjour
Qui nous a donné le jour.

Par mille chants d'allegreſſe,
Célébrons notre retour.

On danse.

UN MATELOT.

Noirs orages ,
Qui cauſez tant de naufrages,
C'eſt trop gronder ;
Laiſſez aborder
Ceux qui font de tendres voyages
Sur de charmans rivages.

Tout conſpire
Contre un cœur qui ſoupire,
Ombrages, ſoins jaloux ;
Les flots ſont en courroux:

Mais bien souvent
Malgré le vent,
On trouve un heureux sort ,
L'amour conduit au port.

On danse.

UNE MATELOTTE.

Amans, bravez l'orage,
Triomphez des vents & des flots ;
Amans, bravez l'orage,
Imitez les Matelots.
Fuyez un vain repos ,
On languit sur le rivage :
Mais, on n'arrive point au port,
Quand l'amour s'endort.
Amans, &c.

*On continue les Danses ; elles sont interrompues par un
bruit de vent & de tonnerre, la mer se souleve
& effraye les Matelots.*

C H Œ U R.

Quel bruit ! Quels vents ! Ciel ! Quel affreux orage !
Les flots frémissans de courroux,
Sont prêts d'engloutir le rivage.
Dieux ! Le tonnerre gronde ; il nous menace tous ;
Sauvons-nous.

FIN DU QUATRIÉME ACTE.

ACTE

ACTE V.

Le théâtre repréſente le Palais de CREON.

SCENE PREMIERE.

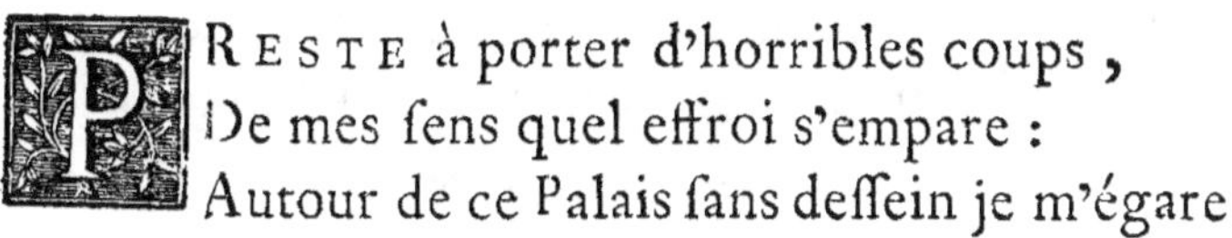

MEDÉE.

PRESTE à porter d'horribles coups ,
De mes ſens quel effroi s'empare :
Autour de ce Palais ſans deſſein je m'égare ;

J'ai beau ranimer mon courroux ;
Je ne me trouve pas un cœur aſſez barbare
Au gré de mes tranſports jaloux.

Les ombres de la nuit ont fait place à l'aurore ,
Et dans mon cœur le trouble regne encore !
Vangeons-nous. Juſtes Dieux ! Quel projet inhumain !
Frapons : dans ma fureur ſuis-je aſſez affermie ?

G

Ah ! De mon propre fang fuis-je affez ennemie,
Pour le répandre de ma main ?
Mais quelle eft mon erreur extrême ?
Ne puis-je me vanger, fans me punir moi-même ?
Flambeau des Cieux, pere du jour,
Qui rougis d'éclairer ce coupable féjour,
Toi dont je n'ofe ici me vanter de defcendre,
Après un affront fi fanglant ;
Permets qu'avec ton char brulant,
Je tombe fur Corinthe & la réduife en cendre.
Eft-ce affez pour punir Jafon ?
Non, il eft d'autres coups dont il faut qu'il gémiffe;
A l'horreur de la trahifon,
Je dois mefurer le fupplice.

Symphonie.

Vous, qui portez par tout le ravage & l'horreur,
Venez à mon fecours, venez, noires furies ;
Accourez, verfez dans mon cœur
Vos plus cruelles barbaries.

Les trois Furies fortent de l'Enfer.

SCENE II.
MEDÉE, LES TROIS FURIES.

LES FURIES.

NOus quittons les enfers pour toi.
Parle. Que faut-il entreprendre ?

M E D É E.

Il faut verser pour moi
Un sang que je n'ose répandre.

MEDÉE ET LES FURIES.

Portons nos coups
D'intelligence.

M E D É E.

Rien n'est si doux
Que la vangeance.

MEDÉE ET LES FURIES.

Vangeance , vangeance.

LA PREMIERE FURIE.

Quel mortel ose t'outrager ?

M E D É E.

Hélas !

LA SECONDE FURIE.

Tu gardes le filence !

LA TROISIÉME FURIE.

Quand il s'agit de te vanger,
Se peut-il que ton cœur balance ?

LES TROIS FURIES.

Quand il s'agit, *&c.*

MEDÉE ET LES FURIES.

Portons nos coups
D'intelligence ;
Rien n'eft fi doux
Que la vangeance.

MEDÉE.

Mettons le comble à mes forfaits.

Aux Furies.

Ne rentrez pas encor dans les fombres abîmes ;
Vos enfers font dans ce Palais ;
Vous y trouverez vos victimes.
Entrez, je vais me joindre à vous ;
Je veux porter les premiers coups.

SCENE III.
MEDÉE, ET JASON.

MEDÉE.

ENfin voici l'inſtant funeſte,
Qui doit me ſéparer de vous ;
Pour la derniere fois je parle à mon époux ;
Vivre dans ſa mémoire eſt tout ce qui me reſte ;
Je n'impute qu'au ſort votre manque de foi.

JASON.

Ah ! Que n'eſt-il en ma puiſſance,
De diſſiper les ombragés du Roi !

MEDÉE.

L'enfer ſoumis à mon obéiſſance,
Ceſſe de déſoler ces lieux ;
Et je vais achever en fuyant de vos yeux,
De vous rendre votre innocence.
Dans cet embraſſement recevez mes adieux.

JASON.

Hélas !

MEDÉE.

Pour ſoulager mon ame ,
Au nom de nos ſacrez liens,

Accordez à mes pleurs vos enfans & les miens,
Tendres gages de notre flâme ;
Permettez qu'ils fuivent mes pas.

JASON.

Ah ! Demandez plûtôt ma vie.

MEDÉE.

Quoi ? Vous ne voulez pas contenter mon envie ?

JASON.

C'eft me condamner au trépas.
Pour mes enfans ma tendreffe eft extrême.

MEDÉE.

Vous les aimez ! Eh bien c'eft tout ce que je veux ;
Je ne vous preffe plus de répondre à mes vœux,
De votre feul bonheur je fais mon bien fuprême.

Elle s'en va & revient.

Par un regret encor je me fens retenir.
Ne me refufez pas cette derniere grace.

JASON.

Parlez ; dans cette Cour je puis tout obtenir.

MEDÉE.

Loin de mes chers enfans puifqu'il faut me bannir,
Jafon, qu'au moins je les embraffe,
Venez ; conduifez-moi près d'eux ;
Soyez témoins des pleurs que mes yeux vont
répandre.

J A S O N.

Non, voyez-les fans moi ces enfans malheureux,
Je ne foûtiendrois pas un fpectacle fi tendre.
M E D É E entre dans le Palais.

SCENE IV.

JASON, CRÉUSE,

J A S O N.

EH bien, Medée eft prête à partir de ces lieux,
 Aurez-vous encor l'injuftice
 D'accufer mon cœur d'artifice ?
 J'ai reçû fes derniers adieux.

C R É U S E.

J'ai tout appris du Roi, je fuis feule coupable ;
 Mais, quel crime eft plus pardonnable ?

J A S O N.

 Rien ne fçauroit plus nous troubler,
Notre amour deformais peut s'expliquer fans crainte.

C R É U S E.

 Medée eft encor dans Corinthe ;
 N'ai-je pas encore à trembler.
Mais, il eft tems de rejoindre mon pere,
 Il craint la vengeance des Dieux ;

Il leur a fait un ferment téméraire,
Et malgré ce ferment, Medée eft dans ces lieux.

On entend un bruit d'inftrumens.

Le calme qui vient de renaître
Raffemble nos Peuples heureux ;
Vous deviendrez bien tôt leur Maître :
Au défaut de Creon, préfidez à leurs jeux.

SCENE V.

JASON, Corinthiens.
C H Œ U R.

APrès de mortelles allarmes,
Le repos n'en eft que plus doux :
Que chacun en goute les charmes,
Qu'il régne à jamais parmi nous.

On danfe.

UN CORINTHIEN alternativement avec le
C H Œ U R.

Vivons fans crainte ;
Aimons fans contrainte ;
Vivons fans crainte ;
Aimons, aimons tous.
C H Œ U R.

Vivons fans crainte, &c.

LE

LE CORINTHIEN.

Nos maux finiffent,
Nos larmes tariffent,
Aimons ; eft-il un fort plus doux ?

CHŒUR.

Vivons fans crainte, &c.

LE CORINTHIEN.

Nos plaintes défarment
Un fatal courroux :
Les biens qui nous charment
Font mille jaloux.

CHŒUR.

Vivons fans crainte ; &c.

On danfe.

SCENE VI.

JASON, CRÉUSE.

CORINTHIENS.

AH ! Seigneur, quelles barbaries
Medée exerce dans ces lieux !
Creon eſt agité d'implacables furies.

JASON.

Dieux ! Courons. Mais c'eſt lui qui ſe montre à nos
yeux.

SCENE VII.

CREON, GARDES.

Et les Aĉteurs de la Scene précédente.

CREON.

BArbares, laiſſez-moi, ſouffrez que je reſpire ;
Rentrez dans l'infernal Empire.
Quoi ! Toujours vous m'environnez !
Quels tourmens ! Quelle ardeur fatale !
Quelle noire vapeur s'exhale
De vos flambeaux empoiſonnez !

Où suis-je ? Quel aspect ! L'Averne, le Tenare,
Le Stix autour de moi roule ses flots affreux !
     Quel effroi de mon cœur s'empare !
     Je ne vois que des malheureux.

     Fuyons ; mais , ô fuite inutile !
Pour qui destinez-vous, & ces feux & ces fers ?
Contre tant de fureur , où trouver un azile ?
     Je traine après moi les enfers.

Il rentre.

J A S O N ET C R E U S E.

Ne l'abandonnons pas aux transports de sa rage.

*C R É U S E entre dans le Palais , & les F U R I E S
s'opposent au passage de J A S O N.*

J A S O N.

Que vois-je ? Tout l'enfer s'oppose à mon passage.
Chere Créuse. Ah ! Je vous perds !

*On entend un bruit soûterrain , & le Palais de C R E O N
paroît tout en feu.*

C H Œ U R.

Dieux ? Quel mugissement sort du sein de la Terre !
     Quels feux embrasent ce Palais,
     Le Ciel fait gronder le tonnerre ;
Faut-il que nos malheurs ne finissent jamais.

SCENE DERNIERE.

JASON ET MEDÉE,
CORINTHIENS.

MEDÉE fur un char tiré par des dragons volans.

Pour une odieufe rivale,
Fini des regrets fuperflus.

JASON.

Ciel ! Qu'entends-je ?

MEDEE.

Elle touche à fon heure fatale,
Bien-tôt je ne la craindrai plus ;
J'aime à la voir brûler du feu qui la dévore,
Et mon cœur n'en eft point jaloux ;
Toi, reprend, fi tu veux, le nom de mon époux.

JASON.

Ofes-tu me parler d'un hymen que j'abhorre ?

MEDÉE.

Je viens d'en brifer le lien.
Du fang de tes enfans, ce poignard fume encore,
Tu peux le plonger dans le tien.

MEDÉE laiffe tomber le poignard aux pieds de JASON.
& s'enfuit fur fon char volant.

J A S O N.

Barbare tu mourras. Mais ma vengeance eſt vaine
Ce char la dérobe à mes yeux.
C'en eſt trop, renonçons à la clarté des cieux.
Pour finir ma mortelle peine.

Il veut ſe tuer, & le Peuple l'en empêche.

F I N.

A P P R O B A T I O N.

J'Ai lû par ordre de Monſeigneur le Chancelier une réimpreſſion de *Medée & Jaſon*, Tragedie ; & je n'y ai rien trouvé que de conforme aux Editions précédentes. Fait à Verſailles ce 10 Janvier 1748.   DEMONCRIF.

P R I V I L E G E   D U   R O Y.

LOUIS par la grace de Dieu, Roy de France & de Navarre : A nos amés & feaux Conſeillers, les Gens tenans nos Cours de Parlemens, Maîtres des Requêtes ordinaires de nôtre Hôtel, Grand'Conſeil, Prevôt de Paris, Baillifs, Sénéchaux, leurs Lieutenans Civils, & autres nos Juſticiers qu'il appartiendra, Salut. Nôtre très-cher & bien amé le Sieur LOUIS-ARMAND EUGENE DE THURET, cy-devant Capitaine au Regiment de Picardie ; Nous a fait repréſenter que, par Arreſt de nôtre Conſeil du 30 May 1733. Nous avons revoqué le Privilege qui avoit été accordé au Sieur le Comte & ſes Aſſociez, pour raiſon de l'Academie Royale de Muſique, ſes circonſtances & dépendances, & rétabli ledit Privilege en faveur dudit Sieur Expoſant, pour en joüir par lui, ſes Aſſociez. Ceſſionnaires & ayans-cauſe aux charges & conditions portées par ledit Arreſt, pendant le temps & eſpace de vingt-neuf années, à compter du premier Avril de ladite année 1733 & que pour l'exploitation dudit Privilege, ledit Sieur Expoſant ſe trouve obligé de faire imprimer & graver les Paroles & la Muſique des Opera qui doivent être repréſentés ; mais que pour cet effet il a beſoin de notre Permiſſion & des Lettres qu'il Nous a très-humblement fait ſupplier de lui accorder. A CES CAUSES, voulant favorablement traiter ledit Expoſant : Nous lui avons permis & permettons par ces Preſentes de faire imprimer & graver les *Paroles & Muſique des Opera, Ballets & Fêtes qui ont été ou qui ſeront repreſentés par l'Academie Royale de Muſique, tant ſéparément que conjointement* en tels Volumes ; forme, marge, caractere, & autant de fois que bon lui ſemblera, & de les faire vendre

& debiter par tout notre Royaume ; pendant le temps de vingt-neuf années confecutives à compter du jour de la datte defdites Préfentes. Faifons défenfes à toutes perfonnes, de quelque qualité & condition qu'elles foient d'en introduire d'Impreffion ou Gravure Etrangere dans aucun lieu de notre obéïffance : Comme auffi à tous Imprimeur, Libraire, Graveurs, Imprimeurs Marchands en Taille-Douce, & autres de graver, ni faire graver, imprimer, ou faire imprimer, vendre, faire vendre, débiter ni contrefaire lefdites Impreffions, Planches & Figures de Paroles, de Mufique des Opera, Ballets & Fêtes, qui ont été ou qui feront reprefentez par ladite Académie Royale de Mufique, tant féparément que conjointement en tout ni en partie, fans la permiffion expreffe & par écrit dudit Sieur Expofant, ou de ceux qui auront droit de lui ; à peine de confifcation, tant des Planches & Figures, que des Exemplaires contrefaits & des Uftanciles qui auront fervi à ladite contrefaçon, que Nous entendons être faifis en quelque lieu qu'ils foient trouvez ; de dix mille livres d'amende contre chacun des Contrevenans, dont un tiers à Nous, un tiers à l'Hôtel-Dieu de Paris, l'autre tiers audit Sieur Expofant, & de tous dépens, dommages & intérefts, à la charge que ces Préfentes feront enregiftrées tout au long fur le Regiftre de la Communauté des Libraires & Imprimeurs de Paris, dans trois mois de la datte d'icelles ; que la Gravure & Impreffion defdites Paroles & Opera fera faite dans notre Royaume & non ailleurs, en bon papier & beaux caracteres, conformément aux Reglemens de la Librairie, & notamment à celui du dix Avril 1725. & qu'avant de les expofer en vente les Manufcrits gravés ou imprimés feront remis dans le même état où les Approbations auront été données ès mains de notre très-cher & feal Chevalier Garde des Sceaux de France, le Sieur Chauvelin ; & qu'il en fera enfuite remis deux Exemplaires de chacun dans notre Bibliotheque publique, un dans celle de notre Château du Louvre, & un dans celle de notre très-cher & feal Chevalier Garde des Sceaux de France, le Sieur Chauvelin : Le tout à peine de nullité des Préfentes ; Du contenu defquelles Vous mandons & enjoignons de faire jouïr ledit Sieur Expofant, ou fes Ayants-caufe, pleinement & paifiblement fans fouffrir qu'il leur foit fait aucun trouble ou empêchement. Voulons que la Copie defdites Préfentes, qui fera imprimée tout au long au commencement ou à la fin defdites Paroles ou Opera, foit tenue pour dûement fignifiée ; & qu'aux Copies collationnées par l'un de nos amés & feaux Confeillers & Secretaires, foy foit ajoûtée comme à l'Original. Commandons au premier notre Huiffier ou Sergent, de faire pour l'exécution d'icelles tous Actes requis & neceffaires, fans demander autre permiffion, & nonobftant Clameur de Haro, Châtre Normande & Lettres à ce contraires. C A R tel eft nôtre plaifir. D O N N E' à Fontainebleau le douziéme jour de Novembre, l'An de Grace mil fept cent trente-quatre, & de notre Regne le vingtiéme : *Et plus bas*, Par le Roy en fon Confeil. *Signé* S A I N S O N, avec paraphe.

Regiftré fur le Regiftre VIII. de la Chambre Royale des Libraires & Imprimeurs de Paris, N. 797. fol. 779. conformément aux anciens Réglemens, confirmés par celui du 28 Février 1723. A Paris le 23 Novembre 1734.

G. MARTIN, *Syndic.*

De l'Imprimerie de la Veuve DELORMEL, & Fils, Imprimeur
de l'Académie Royale de Mufique, ruë du Foin, à Sainte Geneviéve
& à la Colombe Royale.

9 782329 674803